Faculté de Droit de Paris.

THÈSE

pour

LA LICENCE.

Paris,

Imprimerie de Félix Malteste & Comp.,

RUE TRAINÉE, Nos 15 ET 17, PLACE SAINT-EUSTACHE.

1836.

FACULTÉ DE DROIT DE PARIS.

THÈSE

POUR LA LICENCE.

L'Acte public, sur les matières ci-après, sera soutenu

Le Mercredi 6 Janvier 1836, à 1 heure,

PAR

CHARLES-ALPHONSE **BOUCHER**, né à Paris.

PRÉSIDENT, M. DURANTON, PROFESSEUR.

SUFFRAGANS.
{
MM. BLONDEAU,
PELLAT,
BRAVARD,
DUFRAYER,
}
PROFESSEURS.

SUPPLÉANT.

Le Candidat répondra en outre aux questions qui lui seront faites sur les autres matières de l'enseignement.

PARIS.

IMPRIMERIE DE FÉLIX MALTESTE ET Cie,

RUE TRAÎNÉE, Nos 15 ET 17, PLACE ST-EUSTACHE.

1836.

À mon Père et à ma Mère.

JUS ROMANUM.

DIG. LIB. II, TIT. XIV.

De Pactis.

Quæ prius voluntatis fuerant, necessitatis fiunt obligationes, ut sua fidei humanæ servetur integritas. Cum duo igitur vel plures in idem placitum, negotii contrahendi transigendive animo, coiverunt, nascitur conventio vel pactio, nascentemque jus excipit, ad varios effectus vi sua producendam.

Omissis autem conventionibus publicis, quæ inter gentes interponuntur, et ex imperio suam recipiunt sanctionem, pauca censemus præmittenda de diversis conventionibus quæ inter privatos ex jure Romanorum fiebant, accuratius deinde tractaturi de una earum specie, videlicet de pactis.

Ex jure gentium pleræque institutæ conventiones ; quasdam ex eo acceptas jus civile comprobavit, quasdam specialiter introduxit. Sed antiquissimus juris romani conditor usus strictis finibus incluserat modos quibus nasceretur tollereturve obligatio quæ præberet actionem ; certæ tantum admissæ conventiones quæ in nomen contractus transirent, sive eas communis necessitas elexisset quæ sufficerent civitati agresti et augustæ, nondum orbis, vix Latinorum domitrici ; sive, ne litium copia exoriretur frequentior, soli paciscentium religioni multa relinquenda viderentur ; sive, quod verius, formarum conceptiones quibus constitit jus romanum, primum de conventionibus utilissimis quas vitæ necessitas quotidiana desiderabat inventæ, ad novas deinde et innumeras rerum figuras non temere produci potuissent.

Quot contractuum species jus civile confirmaverit, et quibus divisionibus ex eorum origine vel causa sumptis distinxerit parum

liquet; si qua autem pactio in formulariam illam partitionem non
recensenda videretur, ea, quasi vox ore ex imprudenti citra ani-
mum obligandi prolata, juris sanctioni incognita remanebat.

Attamen jam per legem decemviralem paucis pactis in contractuum nomen non transeuntibus additi fuerant legitimi quidam
effectus; quinetiam, si qua fides fragmentorum remanentium
vestigiis, pacta a litigatoribus in jus venientibus litis decidendæ
gratia interposita duodecim tabulæ rata haberi jubebant. Sed, ut
mos erat temporis, strictis quibusdam conditionum angustiis hoc
legis decemviralis beneficium fuisse implicatum conjici potest;
nam hujus ordinem secutus, sed effectus ex æquitate relaxans,
prætor proposuit caput edicti de pactis et transactionibus post ea
quæ scribebat de in jus vocando, ut paciscendo transigendove
exceptio prætoria nasceretur, et cautionis in judicio sisti conse-
quentiæ vitari possent.

Labentibus deinde annis, cum jus suum annale prætor juris
civilis supplendi gratia audacius extendere æmularetur, vim ac-
tionis accommodandæ quibusdam pactis addere non dubitavit,
quæ vocavere prætoria; quibusdam simile robur additum per
legem aut senatus-consultum, quæ quidam fuerunt dicta ideo
legitima; nec defuit interpretatio fori quæ admisit ut pacta
contractibus adjecta in naturam contractus per eum cui accede-
bant aliquando trahi possent.

De cæteris autem omnibus æquitas, quæ vetat cum alterius de-
trimento quemquam fieri locupletiorem, aliquid notabile introduxit: si alter enim paciscentium ex sua parte conventionem im-
plevisset, ad eam quoque implendam coercendum esse alterum
prævaluit. Sic enim, causa pactis accedente, in vim et appellatio-
nem contractus transiebant ad pariendas actiones de quibus con-
sulendi sunt alii digestorum tituli nobis non enucleandi.

De conventionum igitur generibus quæ pactorum nomen spe-
cialius retinent dicturi, quatripartita divisione videbimus de
conditionibus, effectis, interpretatione et extinctione eorum; re-

gularum quas exponemus quædam forsan, trahente rerum simi-
litudine, ad contractus pertinebunt; quod tamen, quantum in
nobis erit, vitabimus, ne relictis nostræ materiæ finibus per
totum corpus juris hæc brevis disputatio evagetur.

PARS PRIMA.

De conditionibus ad naturam pactorum pertinentibus.

Hæ conditiones aut extrinsecus ad formam pertinent, aut in
triusecus ad contrahentium personas, vel ad res quæ possunt in
pactum deduci.

I. Quod ad formam pertinet, non generaliter in pacta ritus aut
formulæ ulla solemnitas : omnia ex arbitrio pacicentium; sive
præsentes aut absentes, sive re aut epistola vel nuntio in unum
consensum convenerint, dummodo rem gestam subesse liqueat,
satis est. Quinetiam ex indiciis taciti consensus pactum admittitur : cum enim, exempli gratia, creditor chirographum quo con-
tinetur debiti fides et auctoritas debitori sponte restituit, pactum
tacitum de remittendo debito conjicitur. Sin autem pignus tantum
redditum fuerit, accessoria pignoris causa sublata non facile cen-
setur secum sustulisse principalem obligationis causam, quæ sine
pignore potest consistere. Sunt alia plurima pactórum tacitorum
exempla, quæ enumerare supervacuum; in his enim non de jure
quæritur; sed ex facti præsumptione pacicentium voluntatem
elicit interpretatio hominis aut aliquando legis ipsius; hinc et facile in promptu est, cur et quibus in casibus subsit necne pactum
tacitum liberationis in acceptilatione vel novatione inutili, aut in
acceptilationis conditionali promissione.

II. De conditionibus ad personas pacicentium spectantibus,
prima nobis occurit regula neminem scilicet posse alterius nomine pactum interponere; ita ut qui sic paciscitur nec sibi prosit, quia non vult, nec alteri, quia non potest. Nec confirmatur

ex postfacto quod ab initio non constitit, etiam si ille cujus nomine frustra pactum sit fiat heres paciscentis.

Hanc regulam quædam ex natura rerum exceptiones confirmant magis quam subvertunt. Sive enim alia persona necessitudine quadam ita nobis conjungatur ut alia esse vix dici possit, sive pro ea cavendo reipsa pronobis caveamus, nobis conventio prodesse poterit.

Recte igitur paciscimur ne ab hæredibus nostris neve ab uno eorum petatur; et exceptionem adquirimus iis in quorum potestate sumus, paciscendo ne petatur ab illis quod propter suum nostrumve contractum debent. Inde facile deducitur quomodo regulæ juris quæ statuunt per quas personas nobis adquiratur possint locum habere in pacto servi fructuarii, aut hæreditarii, aut liberi hominis qui bona fide servit, dummodo hac in omni materia non obliviscamur pactum esse rem facti magis quam juris. Quod ita verum est ut pater non possit nomine filii cavere ne petatur a filio. Sibi tamen hoc pacto proderit propter actionem accessoriam qua nomine filii teneretur, si ea fuit mens ut sibi prodesset; denique si a se et a filio non peti pactus est, sibi pacti, filio doli exceptionem adquiret. Quod ad extraneos attinet, utrum eorum nomine recte paciscamur si nostra intersit, fuit primo dubitatum, deinde admissum, quia tali pacto rem nostram magis quam alienam agimus, et minus per liberam personam videmur adquirere quam nobis consulere.

Si per jus non licet alterius conditionem facere nostris pactis meliorem, longe magis obstare debet ne promittendo faciamus pejorem; unusquisque enim suæ rei, non alienæ, moderator et arbiter; longe pauciores igitur huic regulæ quam præcedenti exceptiones; promittimus pro nostris hæredibus; sed frustra caveremus ut ab uno eorum totum onus debiti peteretur; obstaret lex decemviralis quæ inter hæredes ipso jure nomina dividit.

Altera regula est evidens, ex consensu paciscentium pacta suam vim haurire; quæ igitur doli, metus, aut erroris vitio laborant non servat prætor, varia in variis casibus adhibens remedia quibus ad irritum recidat eorum effectus. Quod ad personas attinet consensus capaces vel non capaces, hic repetendæ essent juris distinctiones quæ non specialiter ad nostram , sed potius ad materiam de divisione personarum, aut de obligationibus in genere pertinent.

III. Eadem æquitas quæ versatur in hac materia non sinit ea valere quibus ipsa læderetur; nisi pacta justa sint, ea non admittit judicis officium, aut servat imperium prætoris, aut confirmat legis auctoritas. Res igitur impossibilis aut ineptissima, aut conventio quæ alicui suæ rei moderamen legitimum sine causa probabili inutiliter adimeret, non recte in pactum deducitur. Nec admittitur pariter consensus qui contra leges aut bonos mores accommodatus, ad inhonesta invitaret quæ civiliter impossibilia videntur, et ad læsionem publicæ utilitatis aut verecundiæ pertineret. Sic, exempli gratia, rejicienda conventio ne dolus futurus præstetur, quæ peccandi licentiæ spe impunitatis adderet invitamentum : et ea quoque rejicienda qua quis maleficiendi voluntatem præ se ferens pretium postularet ut ab ea sese abstineret. Hæc omnia in facti causam et interpretationem recidunt, et cum alia ea regula sunt concilianda quæ in re familiari unumquemque sinit renunciare beneficio legis in ipsius favorem introducto. An et quando de judiciis publicis transigere liceat, non est nostræ materiæ.

Publicam rem, non privatam, tantum attingunt, et ideo nullos sortiuntur effectus (in quibusdam casibus singularibus, propter alia principia juris) pacta de hæreditate futura personæ certæ viventis; sive ab ipsa illa persona habeantur ut sibi auferat testandi licentiam quam tueri inviolatam maximæ curæ erat juri publico Romanorum, sive, turpis festinationis sollicitudine, hæredes futuri ejusdem personæ de ejus hæreditate pactiones interponant plenas tristissimi et periculosissimi eventus (quos tamen admisit jus novissimum, si is de cujushæ editate ageretur consensum suum accommodaverit, nec revocaverit usque ad supremum exitum); sive

denique sit pactum mutuum inter duas personas de sibi invicem
succedendo, nisi hoc pactum habitum inter milites in locum
testamenti habeatur, quia eorum quoquomodo expressa voluntas
in vim testamenti transit. De hæreditate autem delata possumus
pacisci, saltem jure novo. Antea enim Paulus nobis testis est duos
hæredes rogatos invicem sibi, si sine liberis decesserint, hæredi-
tatem restituere, non potuisse contra testatoris voluntatem inter se
convenire de remittendo sibi hoc fideicommisso. Sed deinde
placuit admitti hanc conventionem quæ votum mortis excludens
plus quam continens, aleam tolleret utrique molestam ; valuit
pariter pactum de fideicommisso conditionali non mutuo.

PARS SECUNDA.

De Pactorum effectibus.

Pacta sunt aut ad liberationem concepta, veluti ut non petatur,
aut ad obligationem, veluti ut petatur; sunt quoque vel in rem,
vel in personam : in rem quoties aut ex parte promittentis aut ex
parte ejus cui promittitur, pactum extenditur ad omnes personas
quibus aliquando nocere vel prodesse possit : in personam vero
quoties certa tantum persona in pactum deducitur, nec quoad alios
omnes ullus esse potest conventionis effectus, nisi ipsa rerum necessitate jubente. An pactum sit in rem aut in personam quæstio est
interpretationis, minus ex verbis quam ex mente convenientium
æstimanda. Non hic ante omnia prætermittendum est aliquid de
exceptione doli. Illa enim aut concurrit cum exceptione pacti
(sicut generaliter cum omnibus in factum exceptionibus), aut
aliquando, si jus summum hanc denegaverit, in ejus deficientis
subsidium admittitur, suadente rerum æquitate, et fraudis pu-
niendæ atia : quod in decursu videbimus.

I. His prædictis, nunc ad effectus pactorum veniamus, et primo
circa modum in jus procedendi. Pacta legitima pariunt condic-

tionem ex illa lege qua confirmantur descendentem; aut ex ea quoque lege tollunt ipso jure obligationem; exemplo nobis est pactum de membro rupto et de furto, quod legis decemviralis sanciverat auctoritas. Pacta prætoria actionem pariunt utputa pactum de pignore constituendo. Denique pacta nuda obligationem naturalem tollunt quidem ipso jure, sed nullam civilem pariunt, ita ut ea tantum servet prætor exceptionis auxilio.

De pactis autem quæ contractui adjiciuntur, multa veniunt distinguenda : in contractibus bonæ fidei, in quibus quod æquum est alteri ab altero per vim ipsam formulæ præstatur, dici solet pacta inesse, et aliquando formare ipsam actionem; sed hoc sic accipiendum est ut, si quidem ex continenti pacta subsecuta sunt, scilicet in ipso contractus ingressu, etiam ex parte actoris insint, ita ut legem contractui dent, et actioni formam.

Sin autem pacta adjiciantur ex intervallo, scilicet post contractum jam existentem, rebus tamen integris, nondum re tradita et pretio soluto, rursus distinguitur; non insunt ex parte actoris, id est, si quid adjiciunt priori contractui, non valent ad agendum ex iis, ne ex pacto actio nascatur; insunt autem ex parte rei, id est, si quid priori contractui detrahunt, valent, nam exceptiones ipso jure veniunt in judiciis bonæ fidei.

Quod si magis recessum a priore contractu, re integra, et novus contractus factus videtur potius quam aliquid priori detractum, tunc etiam ex parte actoris inest pactum, hoc sensu ut scilicet ex novo contractu agatur.

Hic duo notanda sunt : 1° quod diximus posse re integra per mutuum dissensum recedi a contractu qui consensu perficitur, admittendum etiam esse re non omnino integra, si, contractu jam ad executionem suam ab uno paciscentium perducto, conveniat ut primum reddatur quod receptum est, et deinde discedatur a contractu. 2° Quod diximus de pactis quæ contractui insunt non esse sine exceptionibus intelligendum, cum sint pacta quæ adeo repugnent naturæ contractus cui adjiciuntur, ut vel pro non

2

scriptis habeantur, vel alio modo quam per actionem ex illo contractu descendentem sint servanda.

De contractibus stricti juris lis fuit inter jurisconsultos an eis inessent pacta in continenti adjecta; sed videtur prævaluisse ut inessent, quibusdam distinctionibus adhibitis : ex intervallo addita exceptioni tantummodo locum dant.

II. Nunc de pactorum effectibus circa res et personas. Regula generalis est ne conventio in alia re facta in alia noceat; nec pariter prodest. Quæ sit res vere in pactum deducta, quæstio erit ex mente paciscentium, per officium judicis magis quam per prudentis doctrinam interpretanda.

Similia de personis : pactum enim alteri non prodest : sunt tamen huic præcepto juris exceptiones. Cum enim sibi filiusfamilias consulit paciscendo ne a se petatur, pactum illud, etiam si personale sit, patri prodest ad tollendas actiones accessorias quibus teneretur : prodest hoc pactum et hæredi patris vivo filio ; sed post filii mortem nec patri, nec patris hæredi commodum superest quod cum persona extinguitur. Non eadem omnino de pacto servi; nam in personam conceptum ab eo qui nullam personam habet, non prodest patrifamilias nisi per doli exceptionem; sin autem pactus sit in rem, exceptio pacti penes dominum erit. Pactum patrisfamilias de tollenda accessoria obligatione qua tenetur propter filium non prodest filio.

Aliquando pactio in alteram personam collata non est inutilis, si interveniat quasi conditio negotii a paciscente ipso adhibiti. Quinetiam ex rerum necessitate contingit ut personæ extraneæ pactum nostrum in rem prosit, si illud prodesse nostra intersit (non quoquomodo nimirum , sed principaliter et secundum principia juris). Pactum igitur debitoris prodest fidejussori, cum ejus intersit liberari fidejussorem cui non liberato teneretur actione mandati : inde fit contra, ut, si actio mandati non habeat locum , utputa in eo qui donandi animo fidejussit, non detur fidejussori exceptio quæ reo competit. Pariter argentarii aut correi

debendi socii pactum prodest socio, et pactum auctoris successori.
Administratores, puta curator, tutor, magister societatis, procurator, iis quorum rem gerunt prosunt adquisita doli exceptione,
salvis tamen secundum mandati regulas quibusdam distinctionibus. Pactum in rem fidejussoris nec reo nec confidejussoribus
pacti exceptionem adquirit; ejus enim non interest principaliter
ab iis non peti. Si tamen hoc actum fuit ut ab iis non peteretur,
eis patebit exceptionis doli auxilium. Quod et admittendum
suadet æquitas in correis debendi non sociis. Cæterum si fide-
jussor in rem suam spopondit, pacti exceptionem reo adquiret,
quia ejus interest.

Hactenus de pacto in rem : in personam autem nemini prodesse diximus; speciem autem notavimus in qua a filiofamilias
initum patri non inutile est; pactum quoque personale auctoris
post sectarum controversias placuit prodesse successoribus titulo
singulari; quod tamen vivo tantum auctore admitti suadet forsan
ratio juris. —Pactum personale ne a reo petatur, nullam jure
veteri dabat fidejussori exceptionem; ex jure autem novo post beneficium ordinis introductum non semper et omnino erit inutile.
Pactum quoque fidejussoris ne a se petatur etiam si nec reo nec
cofidejussoribus prosit generaliter, cofidejussoribus tamen propter exceptionem cedendarum actionum non sine effectu erit :
sed hoc extra nostram materiam.

Pactum quod alteri personæ prodesse non potest multo minus
ei debet nocere. Pasciscendo igitur inter se debitores creditoris
sui conditionem non faciunt deteriorem : res est inter alios acta.
Nec possessor hæreditatis hæredi postea evincenti, nec correus
stipulandi correo, pactis suis detrimentum afferunt. Nec pejor fit
patrisfamilias conditio per pactiones filiifamilias aut servi : solus
enim generaliter pacisci de non petendo potest qui jus petendi, id
est actionem, habet: si tamen in rem filius aut servus pacti fuerint,
et de re peculiari, quum liberam peculii administrationem ha-
buerint, nec denique donandi animo sed aliquo accepto in quo

non minus vel etiam amplius esset, nocebit pacti sic habita actio.
Similiter in quibusdam casibus, si pactum eorum sit accessoria
et necessaria conditio negotii cujus beneficium domino adqui-
runt. — Filius etiam si habeat actionem, utputa injuriarum,
paciscendo jus suum patri servat illæsum; sed et cum actionem non
habet, potest pactum conferre in tempus quo eam habebit, dum
tamen alia juris principia tali conventioni non repugnent. —
Administratores, tutor, procurator, et similes personæ nocent,
quatenus ferunt mandati regulæ, eis quorum rem gerunt, sed
per exceptionem doli tantum, et ea conditione addita ne scilicet
donandi animo pacti fuerint. Exceptio doli pariter datur contra
procuratorem ex pacto domini, contra venditorem hæreditatis ex
pacto emptoris.

Si pure scriptus est hæres, ante aditionem vel immixtionem
hoc modo recte paciscitur hæres; sin autem servus conditiona-
liter instituatur, non proderit ei, nisi per doli exceptionem, pactum quod fecerit ante conditionem impletam, quum adhuc
servus remaneret. Idem de filiofamilias instituto qui in potestate pacisceretur, et emancipatus adiret.

Quomodo ex rescripto Marci major pars æstimanda sit ex cu-
mulo debiti; aut ex aliis circumstanciis si æqualis sit cumulus,
quibus in casibus plurima credita pro uno, vel vice versa, nume-
rentur, qua juris necessitate tutor idemque creditor qui pactus
est pro pupillo debeat eadem portione esse contentus, ex textu
facile liquet. Pactum autem non nocet creditoribus absentibus
qui hypothecas habent : nec iis qui contra fidejussorem possunt
in solidum sua jura persequi, nisi videantur tacite cum fidejus-
sore pariter decessisse. An autem pactum debeat nocere absentibus privilegiatis dubitatum fuit inter jurisconsultos propter Divi
Pii rescriptum quod æquitati nimis consentaneum videtur. —
De pacto dandarum debitori induciarum non eædem omnino
regulæ.

PARS TERTIA.

De Pactorum interpretatione.

Cum in hac materia juri sæpe præstet æquitas, et plurimum valeat voluntatis interpretatio, in fragmentis jurisconsultorum frequentissime reperimus hæc verba : Si hoc actum sit; si aliud actum. Mentem enim paciscentium attente quærere potissima est omnium regularum quæ de interpretatione conventionum concipiuntur. De cæteris regulis, et quidem notissimis, in quibus plus facti quam juris versatur, nihil dicere refert, cum nullo fere tituli nostri fragmento contineantur, et ad materiam obligationum in genere pertineant.

PARS QUARTA.

De Pactorum extinctione.

Tollendarum obligationum sunt modi plurimi pactis et contractibus communes, de quibus ad diversos Pandectarum titulos et præcipue de Solutionibus : nihil autem ad nostram materiam; dicemus enim tantum de pactis stricte dictis. Cum, æquitate suadente, prætor pacta servet novissima, prius pactum quod exceptionem pepererat, tollitur posterioris per replicationem: si prius autem actionem sustulerit ipso jure, ut puta actionem injuriarum, illa posteriori pacto non renascetur; non enim ex conventione injuriarum actio nascitur, sed ex contumelia, qua semel remissa, odiosa clementiæ pænitentia est. Pari modo, si, re integra, recedimus per pactum a contractu consensuali, posterius pactum non resuscitabit contractum, sed proficiet ad contractum novum : sin autem priori pacto quædam tantum mutata fuerant ex contractu, potest posterius rem renovatam in pristinum statum reducere.

DROIT FRANÇAIS.

CODE CIVIL, TITRE 3, ART. 1101 A 1134.

DES CONTRATS OU DES OBLIGATIONS CONVENTIONNELLES EN GÉNÉRAL.

CHAPITRE PREMIER.

Dispositions préliminaires.

L'obligation est le lien de droit qui astreint une personne envers une autre à donner, à faire ou à ne pas faire une chose; par là elle se distingue du simple devoir de conscience dont le droit civil ne garantit pas l'exécution. Les obligations garanties par le droit civil peuvent l'être par des moyens plus ou moins efficaces, et, sous ce rapport, elles se divisent en obligations proprement dites et obligations naturelles; mais cette division est en droit français de théorie plutôt que de pratique : dans le droit romain, elle était fort importante.

Sous le rapport de leur source, la loi partage les obligations en deux classes : celles qui naissent des conventions, et celles qui naissent sans conventions des quasi-contrats, des délits, des quasi-délits et de la loi. Nous n'avons à nous occuper que des conditions essentielles à la validité des premières.

Mais d'abord il faut expliquer ce que c'est que la convention, d'où elle dérive : différente du désir et de la simple pollicitation, la convention est l'accord d'une ou plusieurs volontés vers un même objet; si le but de cet accord est d'engendrer une ou plusieurs obligations, la convention prend le nom de contrat : or

tous les contrats non contraires à l'ordre public ou aux bonnes
mœurs sont également protégés par la loi, le droit moderne ayant
banni les distinctions qui en droit romain séparaient les contrats des simples pactes.

Les contrats se divisent en plusieurs espèces, savoir : 1° sous
le rapport de l'unité ou de la réciprocité du lien obligatoire qu'ils
produisent; 2° sous le rapport de l'unité ou de la réciprocité de
l'avantage qu'ils procurent; 3° sous le rapport des conditions de
leur existence.

1° Sous le rapport de l'unité ou de la réciprocité du lien obligatoire, un contrat est synallagmatique ou bilatéral lorsqu'il en
résulte deux obligations réciproques entre les parties contractantes; lorsqu'il ne produit d'obligation que du côté d'une seule
des parties, il est unilatéral. La doctrine distingue parmi les contrats synallagmatiques ceux qu'elle nomme parfaits et ceux qu'elle
nomme imparfaits.

2° Sous le rapport de l'unité ou de la réciprocité de l'avantage,
les contrats se partagent en contrats à titre onéreux et contrats
de bienfaisance; les premiers, faits dans un intérêt commun, sont
ceux qui produisent un avantage réciproque que chacune des
parties achète par un sacrifice; des seconds, faits dans un but de
libéralité, il résulte un avantage purement gratuit pour un seul des
contractans. Il faut remarquer qu'un contrat peut faire naître
deux obligations et un seul avantage, et être à la fois synallagmatique et de bienfaisance; de même des contrats à titre onéreux
peuvent être en même temps unilatéraux, et produire avec deux
avantages une seule obligation. — Les contrats à titre onéreux se
subdivisent en contrats commutatifs, quand l'équivalent que
chacune des parties s'engage à fournir à l'autre consiste dans une
chose ou un fait appréciable à une valeur fixe et certaine, et en
contrats aléatoires, quand cet équivalent consiste dans une chance
de gain ou de perte. Ici c'est à tort que la loi paraît dire que d'un

contrat commutatif résultent deux obligations, car il peut être unilatéral.

3° Sous le rapport des conditions de leur existence , on partage les contrats en général d'après la manière dont ils se forment : en consensuels, lorsque le simple consentement des parties suffit à les faire naître, et ce sont les plus fréquens; en réels, lorsqu'ils ne commencent à exister que quand au consentement, nécessaire à la formation de tous les contrats quels qu'ils soient, vient se joindre la livraison d'une chose; et en solennels, lorsque la loi exige que certaines formalités spéciales président indispensablement à leur création.

Il y a des règles qui sont communes à tous les contrats, qu'ils aient ou non une dénomination propre : d'autres sont particulièrement applicables à certains contrats ; ce n'est que d'une partie des premières que nous devons nous occuper.

CHAPITRE II.

Des conditions essentielles à la validité des conventions.

Les conditions essentielles d'un contrat, bien distinctes des naturelles et des accidentelles, sont celles sans lesquelles le contrat ne peut exister; elles diffèrent pour chaque contrat particulier, mais celles imposées à tous les contrats en général sont au nombre de quatre : le consentement , la capacité , l'objet et la cause. Trois d'entre elles, également exigées par le droit naturel comme par le droit civil, sont tellement importantes, que leur absence entraîne une nullité absolue ; l'autre, c'est-à-dire la capacité, est arbitrairement ajoutée par le droit civil au droit naturel qui la confondrait avec le consentement, et son absence n'entraîne qu'une nullité relative.

3

SECTION PREMIÈRE.

Du consentement.

Il faut d'abord observer que c'est à tort que la loi impose la nécessité du consentement seulement à la partie qui s'oblige; car, quand même celle-ci aurait donné un consentement exempt de vices, il sera toujours imparfait et impuissant à produire un contrat, tant que la volonté de l'autre partie ne viendra pas le compléter.

La convention commencée par les offres ou par la proposition s'achève par l'acceptation : les offres ne sont que la volonté de transférer à l'autre partie le droit de faire naître irrévocablement le contrat, et d'en demander l'accomplissement en justice.

La loi ne s'explique pas sur les causes qui peuvent produire l'absence totale du consentement et la nullité absolue qui en résulte; elle ne parle ici que des circonstances qui, sans détruire le consentement, l'altèrent plus ou moins, et peuvent donner lieu à une nullité relative : ces circonstances sont au nombre de quatre : l'erreur, la violence, le dol ou la lésion.

I. La loi ne s'occupe pas du cas où l'erreur porterait : 1° sur la nature de la convention, 2° sur sa cause, 3° sur son objet; car alors il est évident : 1° ou qu'il n'y a pas convention, 2° et 3° ou que l'erreur sur la cause ou l'objet équivaut à l'absence même de l'une ou de l'autre, ce qui empêche l'existence d'une des conditions essentielles; mais, quand l'erreur s'applique uniquement à une qualité de l'objet du contrat, il faut distinguer si cette qualité constitue la substance de la chose, c'est-à-dire l'utilité que les parties ont eue en vue, car alors le contrat peut être rescindé ; ou bien si cette qualité n'est qu'accidentelle, auquel cas il n'y a pas nullité. Quant à l'erreur sur la personne, elle n'annule la convention qu'autant que la considération de cette personne est la cause principale qui a décidé à contracter l'obligation.

II. La loi ne s'occupe pas davantage de la violence qui contraint la faiblesse physique, parce qu'il est évident qu'elle détruit tout consentement, et produit une nullité absolue : celui en effet qui écrit parce qu'une autre main force et conduit la sienne ne consent évidemment pas. Mais on peut consentir, quoique sous l'empire de la crainte : *Qui mavult, vult;* alors un consentement qui n'a pas été librement donné ne doit pas être obligatoire : aussi le vice de violence, s'il n'empêche pas absolument l'existence du contrat qui en est entaché, peut du moins en faire prononcer la nullité.

Aux termes de la loi, cette violence doit être de nature à inspirer à une personne raisonnable la crainte d'exposer soi-même ou sa fortune à un mal considérable et présent. Cette disposition semble inexacte sous deux rapports : 1° ne suffirait-il pas de la crainte présente d'un mal éloigné? 2° ne suffirait-il pas d'une violence de nature à faire impression sur la raison de la personne, même peu raisonnable, que les menaces ont forcée à s'obliger? 2° Ce qui prouve que tel est l'esprit de la loi, c'est qu'elle modère ensuite l'apparente exigence de ses termes, en prescrivant en principe qu'on doit avoir égard à l'âge, au sexe et à la condition. Pourquoi n'aurait-on pas égard pareillement à la faiblesse du caractère et de l'intelligence?

Il n'est pas nécessaire que le danger menace directement la personne ou la fortune du contractant : le péril encouru par d'autres a pu l'effrayer autant que le sien propre, et empêcher de même que son consentement ait été libre : ainsi la violence exercée sur elles sera également un motif d'annulation; la loi, en désignant à cet égard certaines personnes dont le danger nous touche vivement, n'a pas eu l'intention d'être limitative, et la question restera, à l'égard de toutes autres, soumise à l'appréciation du juge.

La violence, pourvu qu'elle ait eu pour but direct de faire contracter l'obligation, est une cause de nullité, encore qu'elle ait été **exercée** par un tiers, autre que celui au profit duquel la convention a été faite.

III. Le dol consiste dans des artifices qui, trompant la personne qui s'oblige, l'ont déterminée à s'engager par un lien qui sans eux n'aurait pas été formé. Il faut du reste que ces artifices soient l'œuvre de la partie adverse: il ne suffirait pas, à la différence du cas de violence, qu'elles fussent pratiquées par un tiers non complice : la raison en est que le dol ne détruit pas comme la violence la liberté du consentement ; c'est seulement un fait punissable, qui soumet celui qui l'a commis à des dommages et intérêts. Si donc c'est un tiers qui s'en est rendu coupable, lui seul est tenu d'indemniser le débiteur qui reste obligé envers le créancier non complice : si, au contraire, celui-ci est débiteur ou complice, la nullité du contrat, qui est la plus complète indemnité, peut être prononcée.

IV. Un consentement dégagé d'erreur, de violence ou de dol, produira ses effets, à moins que la lésion ne vienne les paralyser. Elle rend inique un contrat dans lequel il y a une trop grande disproportion entre les valeurs qui en sont l'objet, et la loi, d'accord avec l'équité, remédie à cette injustice en autorisant l'annulation, mais seulement à l'égard de certaines personnes ou de certains contrats.

— Celui qui invoque la nullité résultant d'un des quatre vices qui peuvent entacher un contrat doit en prouver l'existence, et la loi n'est pas limitative en décidant ce point seulement à l'égard du dol : au reste, le dol, qui ne se présume pas, peut cependant être prouvé par des présomptions.

La nullité dans tous ces cas n'étant que relative est couverte par la ratification expresse ou tacite, ou par l'expiration du délai fixé pour la restitution.

Il faut décider que les effets de la nullité subsistent même à l'égard des tiers détenteurs de la chose aliénée ; et, quand elle est prononcée, ils sont soumis à la revendication.

Au sujet du consentement il reste à examiner ces deux questions : Le consentement peut-il rendre créancier ou débiteur un autre que celui qui le donne? Peut-il rendre créancier ou débiteur celui qui le donne, quand il le donne pour les affaires d'autrui, et non pour les siennes?

Sur la première question, le droit romain, sinon le prétorien , du moins le droit civil, répondait négativement : le mandataire lui-même et le gérant d'affaires devenaient débiteurs du créancier en leur nom, sauf à rendre compte ensuite au mandant ou au propriétaire par les actions personnelles à chacun d'eux; il y avait quelques exceptions cependant à ce principe général. Quant à la seconde question, on voit que le droit romain la décidait affirmtivement, au moins dans le cas de mandat ou de gestion d'affaires.

Sur ces deux points le Code civil renferme un article obscur , l'article 1119 qui porte : « On ne peut, en général, s'engager ni » stipuler en son propre nom que pour soi-même.» Au milieu des nombreuses difficultés qu'il présente par lui-même et par sa combinaison avec les articles 1997, 1998 et 1375, on peut en déduire le système suivant :

1º On peut engager un autre ou stipuler pour un autre au nom de celui-ci, soit comme mandataire, soit en gérant ses affaires sans mandat, utilement pour lui, avec l'intention de se soumettre envers lui aux mêmes obligations qu'un mandataire.

2º Dans le même cas on peut s'obliger soi-même ou obliger les tiers envers soi, quand on y trouve un intérêt dans la nécessité de bien remplir le mandat ou la gestion dont on s'est chargé.

3º Lorsqu'au contraire on n'est pas mandataire, et qu'on n'a pas l'intention de s'obliger comme gérant d'affaires, alors, si on veut stipuler pour un autre ou l'engager, on ne rend créancier ou débiteur ni cet autre, ni soi-même.

Cependant ce dernier principe souffre une exception : on peut stipuler au profit d'un tiers lorsque telle est la condition d'une stipulation qu'on fait pour soi-même, ou d'une donation qu'on fait à un autre. Celui qui a fait cette stipulation ne peut plus la révoquer, si le tiers a déclaré vouloir en profiter.

On peut pareillement se porter fort pour un autre en promettant le fait de celui-ci, et on est passible d'une indemnité si le tiers refuse de tenir l'engagement. En effet, dans le premier cas, la stipulation au profit du tiers trouve son intérêt dans le consentement qu'on n'a donné au contrat principal que sous cette condition ; et, dans le second cas, c'est son propre fait qu'on promet si celui du tiers n'a pas lieu.

Ce n'est pas stipuler ou promettre pour autrui que de le faire pour ses héritiers et ayant-cause à titre universel : la loi même présume toujours cette intention, à moins que le contraire ne soit exprimé ou ne résulte de la nature de la convention. Quant aux ayant-cause à titre particulier, si ce nom signifie les simples créanciers, l'influence à leur égard des contrats qui donnent des droits ou imposent des obligations à leurs débiteurs est réglée par les articles 1166, 1167, 2092 et 2093. Si ce nom signifie les acquéreurs à titre particulier, ils succèdent aux stipulations et aux obligations de leurs auteurs quand elles ont eu pour but de modifier le droit de propriété lui-même : ainsi les servitudes passent activement et passivement au profit et à la charge des acquéreurs du fonds servant ou du fonds dominant. Quand au contraire les droits et les engagemens des auteurs, quoique relatifs à la chose acquise, ne modifient cependant pas le droit de propriété, alors il faut distinguer, et dire que les droits peuvent passer aux acquéreurs en vertu d'une sorte de cession tacite, et qu'il n'en est pas de même des engagemens, à moins que la loi ne l'ait expressément dit, comme par exemple dans le cas de l'article 1743.

De la capacité des parties contractantes (ou pour mieux dire de
celles qui s'obligent).

La capacité de contracter est de droit commun; l'incapacité est
une exception qui doit être déclarée par la loi.

Il y a des incapacités particulières à certains contrats; ce sont
par exemple celles établies par les articles 450, 1595 à 1597, 1840,
2045 et 2124.

Il en est de générales : l'absence entière ou la faiblesse présumée
de la raison sans laquelle on ne peut admettre de consentement valable a dû faire prononcer l'incapacité des mineurs et des interdits;
le respect dû à la puissance maritale, et la protection que le mari
doit à sa femme, y ont fait joindre celles de la femme mariée. Ces
incapacités n'ont lieu que dans les cas exprimés par la loi, qui
sont compris : pour les mineurs dans les articles 450, 481 à 484,
487, 1305 à 1312, 1314; pour les interdits, dans les articles 502
à 504; et enfin pour les femmes mariées, dans les articles 215,
217, 1421, 1427, 1449, 1530, 1536, 1538 et 1576; or notre
matière ne comprend pas le détail de ces diverses distinctions. Il
faut observer que les articles 499 et 513 établissent encore une
demi-incapacité.

Le défaut de capacité n'empêche pas absolument la convention
d'exister, car on ne peut pas dire, quand le consentement est in-
fecté d'un vice, qu'il y a absence totale de consentement. Le contrat n'est donc pas nul de plein droit; il peut seulement être
attaqué, et uniquement dans les cas prévus par la loi, c'est-à-dire
qu'il y a lieu seulement à l'action en nullité ou en rescision soumise aux conditions, restrictions et limitations dans lesquelles la loi
la renferme toujours.

Ceux dans l'intérêt desquels a été établie l'incapacité peuvent
seuls attaquer le contrat : le contractant capable ne peut donc se

prévaloir de l'incapacité de l'autre, et, s'il se trouve ainsi en quelque sorte à sa discrétion, il doit s'imputer d'avoir témérairement traité avec lui.

De l'objet et de la matière des contrats.

L'objet du contrat se confond avec l'objet de l'obligation ; car le contrat ayant pour but de faire naitre une ou plusieurs obligations, il a pour objet la matière de l'engagement ou des engagemens qui doivent en résulter : cette matière peut consister, soit dans une chose qu'une des parties devra donner, c'est-à-dire faire avoir à l'autre, soit dans un fait qu'elle sera tenue d'accomplir ou dont elle devra s'abstenir.

L'obligation n'existant pas si celui qui veut devenir créancier n'a pas d'intérêt à l'exécution de la promesse, il faut que l'objet de l'obligation soit de nature à être utile au stipulant. Comme il suffit d'une utilité quelconque, le simple usage ou la possession peut être, comme la propriété, l'objet d'un contrat.

Les choses qui sont dans le commerce peuvent seules être l'objet des conventions ; car l'obligation ayant toujours pour but d'approprier au créancier, au moins sous certains rapports, la chose promise, celles qui ne sont pas susceptibles d'une propriété privée ne peuvent être l'objet d'une convention entre particuliers.

Si la chose due ne pouvait être reconnue, l'obligation serait inutile, car elle doit avoir un objet certain : or il peut l'être sans que la convention détermine précisément la chose due, pourvu que la détermination ultérieure soit possible, et elle ne le serait pas si la convention ne désignait au moins l'espèce de la chose ; mais la loi n'exige pas une désignation individuelle, car la quotité peut être incertaine, pourvu qu'elle puisse être déterminée.

Il est certain qu'une chose qui n'existe plus ou ne peut exister, et un fait impossible ou contraire aux lois, ne sauraient former la matière d'un engagement à qui un objet est indispensable; mais une chose qui peut exister, quoique n'existant pas encore, peut être la base d'un engagement raisonnable et permis; seulement l'incertitude de l'existence rend évidemment l'obligation conditionnelle, à moins que la chance elle-même ne forme la matière de l'engagement. Cependant des considérations de morale et d'ordre public ont fait excepter, de cette permission de stipuler sur les choses futures, les conventions sur des successions non ouvertes. Le droit français, contrairement au droit romain, ne les permet pas même avec le consentement de celui de la succession duquel il s'agit.

SECTION IV.

De la cause.

Le mot cause est vague et général : parmi les divers sens dans lesquels il peut être pris, il faut chercher celui que la loi a voulu ici lui attribuer. En droit romain, le mot cause du contrat signifiait le fait productif du contrat ; en d'autres termes, sa cause efficiente, ce qui lui donnait son existence, sa forme, son nom, sa classe. En droit français, le mot cause est pris dans le sens de cause impulsive, non plus du contrat, mais de l'obligation, c'est-à-dire qu'il ne signifie pas le motif qui a produit dans le secret de la pensée des parties le désir de contracter, mais le motif apparent en vue duquel la partie qui s'oblige contracte son obligation. Ainsi, dans les contrats à titre onéreux, le profit qu'on en retire ou qu'on doit en retirer est la cause de l'obligation : c'est le fait de l'autre partie, si le contrat est unilatéral; s'il est synallagmatique, c'est la promesse : dans les contrats de bienfaisance, cette cause est la pure libéralité. Il ne faut pas confondre la cause avec la condition; celle-ci n'est qu'une modalité du consentement :

4

il faut une cause à l'obligation conditionnelle comme à toute autre.

La loi refuse tout effet à une obligation sans cause, qui est un acte inutile et même de folie : elle n'en peut accorder davantage à l'obligation sur fausse cause, qui est véritablement sans cause, puisqu'elle n'en a pas d'autre que l'erreur; dans ces deux cas il y a nullité de plein droit. L'engagement est sans cause, soit qu'il n'en ait jamais existé, ou qu'elle ait cessé, ou que, dépendant de l'avenir, elle ne se soit pas réalisée : il est sur une fausse cause lorsque la cause n'est pas apparente, et n'existe conséquemment que dans la pensée des contractans.

La cause qui n'est pas exprimée pouvant néanmoins exister, le défaut d'expression ne rend pas la convention moins valable.

Une cause est illicite, non-seulement quand la loi la prohibe expressément, mais encore quand elle est contraire aux bonnes mœurs et à l'ordre public.

Sur la question de savoir si la répétition est ou non permise à celui qui a payé en vertu d'une obligation sans cause, ou sur une fausse cause, ou sur une cause illicite, il faut faire diverses distinctions entre l'absence, la fausseté, ou la nature illicite de la cause. Au reste, c'est au fond même de la convention, et non dans les termes seuls employés dans l acte qui la prouve, qu'on doit rechercher si l'obligation a ou non une cause réelle ou licite; peu importe l'expression d'une cause, si vraiment il n'y en a pas: peu importe le silence sur la cause, si vraiment il y en a une. A ce sujet, des difficultés s'élèvent sur la question de savoir si, dans ce dernier cas, c'est au demandeur à prouver l'existence d'une cause, ou au défendeur à prouver le contraire : le premier avis paraît devoir être adopté.